AF382902

GÉRER LES DEADLINES

Apprendre à prioriser et à gérer son temps

Par Florence Schandeler

50MINUTES.fr

GÉRER LES DEADLINES

- **Problématique ?** Dans un contexte professionnel, comment déterminer les priorités et s'organiser afin d'exploiter au mieux le temps consacré au travail ?
- **Utilité ?** Savoir choisir ses priorités et gérer son emploi du temps pour boucler les tâches dans les limites imposées. Ne plus perdre de vue ses objectifs, ne plus perdre d'énergie avec des « je n'aurai jamais le temps », mais planifier et passer à l'action.
- **FAQ**
  - Comment se débarrasser de ses habitudes chronophages ?
  - Comment planifier les tâches à réaliser ?
  - Comment fixer ses priorités ?
  - Comment agencer son agenda ?
  - Comment ne plus remettre au lendemain ?
  - Comment réussir à déléguer ?
  - Comment se déconnecter du travail une fois la porte du bureau refermée ?

Avec l'arrivée d'Internet et des nouvelles technologies de l'information, le rythme s'est accéléré. Nous vivons aujourd'hui dans une société où les mots « rapidité », « compétition » et « stress » règnent en maître. Ordinateurs portables et Smartphones nous rendent disponibles 24 h/24. La frontière entre vie professionnelle et vie privée devient de plus en plus ténue pour les patrons et employés qui ne peuvent décrocher de leur boîte mail. Les médecins constatent d'ailleurs que le nombre de burn out est en constante augmentation.

« Le temps, c'est de l'argent. » Combien de fois entendons-nous cette expression qui nous oblige à accélérer et foncer tête baissée dans la pile de dossiers posée sur notre bureau ? Cet éloge de la rapidité et ce monde hyperconnecté nous empêchent de prendre le recul nécessaire à la réflexion et à la remise en question sur notre manière de fonctionner. Beaucoup ont pris l'habitude de travailler dans l'urgence, conscients de n'avoir jamais le temps, maudissant ces journées qui ne comptent que 24 heures.

N'attendez plus et plongez-vous dans la lecture de ce livret, car il vous fera investir 50 minutes de votre temps, en vous proposant une réflexion sur votre façon de travailler et de gérer votre temps. Nous y présenterons des modèles théoriques qui mettent en lumière le phénomène du « manque de temps » et expliquerons pourquoi il est important de changer certaines de ses habitudes afin d'en gagner. Ensuite, nous nous pencherons sur la manière d'élaborer un programme de travail optimal qui tienne compte des priorités de votre poste et des échéances fixées afin que soyez efficace lorsque vous passez à l'action.

LE B.A.-BA DE LA GESTION DU TEMPS

« JE N'AI PAS LE TEMPS » : ANALYSE DU PHÉNOMÈNE

Symptômes

> À méditer : « Ceux qui emploient mal leur temps sont les premiers à se plaindre de sa brièveté. »
> La Bruyère (1645-1688)

Nous souffrons tous, à différents niveaux, de notre manque de maîtrise du temps. Bien souvent, lorsqu'on s'attelle à la tâche, nous ne voyons pas le temps passer ou nous courons partout toute la journée sans parvenir à boucler nos dossiers.

- Nous travaillons dans l'urgence et avons l'impression de passer à côté de l'essentiel.
- Nous acceptons un nouveau travail délégué par notre supérieur sans être sûr de pouvoir en venir à bout.

- Nous avons le sentiment de perdre notre temps en aidant un collègue qui demande conseil et en répondant à une dizaine d'e-mails.
- Et il reste encore toute une pile de comptes rendus à traiter… Mais qu'avons-nous fait de notre journée ?
- Alors, nous ramenons un dossier à la maison pour le boucler dans les temps.

Le constat tombe comme un couperet, nous n'avons pas le temps. Pourtant, au risque d'énoncer une lapalissade, une journée compte toujours 24 heures, dont huit à dix heures sont consacrées aux obligations professionnelles pour beaucoup de travailleurs. C'est une réalité avec laquelle il faut composer, alors apprenons à en maîtriser tous les aspects pour en tirer parti.

Parce qu'il serait fataliste et contre-productif d'envisager le contraire, considérons que chaque problème a sa solution, et mettons à profit un peu de notre temps pour y réfléchir. Partons du postulat que pour s'épanouir et avoir une vie équilibrée, il ne s'agit pas de travailler plus, mais de travailler mieux, de ne plus être esclave du temps, mais d'apprendre à le contrôler.

Facteurs de perte de temps

Tentons d'identifier les éléments chronophages qui nous détournent de nos priorités alors que nous avions résolu d'avancer. Nous leur attribuons deux origines : d'un côté les facteurs externes, liés à l'environnement socioprofessionnel dans lequel nous évoluons, et de l'autre les facteurs internes, inhérents à la façon d'être et d'agir de chacun.

Bien que nous ayons l'impression que ce sont surtout des événements externes, desquels nous ne sommes nullement responsables, qui perturbent notre rythme de travail, en faisant l'inventaire des éléments susceptibles de nous ralentir, nous constatons le contraire. Établissons une liste non exhaustive de ces potentiels facteurs :

Facteurs externes	Facteurs internes
Imprévus à gérer au jour le jour	Volonté de vouloir faire trop de choses en même temps, qui conduit au surmenage
	Mauvaise définition des objectifs de travail
	Mauvaise planification des tâches
	Manque de concentration
	Manque d'autodiscipline qui conduit à la procrastination
	Habitude de zapping qui nous amène à passer d'une tâche à l'autre et nous empêche d'achever le travail entamé.

Facteurs externes	Facteurs internes
Manque d'informations sur les tâches à réaliser	Ne pas savoir dire « non » à ses supérieurs ou collègues alors que l'on est déjà surchargé
Boîte mail saturée de messages qui attendent des réponses et téléphones qui sonnent sans arrêt	Être perfectionniste

PETIT PLUS : ÉVITER L'EFFET « ZAPPING »

Conditionnés par cette habitude de spectateur capricieux et impatient devant notre petit écran, nous avons tendance à nous livrer, dans de nombreuses circonstances, à une forme de zapping qui revient à changer continuellement de tâche ou de thème sans prendre la peine de terminer ce que l'on a entamé.

Le soir, confortablement installés dans notre canapé, il ne tient qu'à nous de faire ce choix, de changer de chaîne parce que le programme nous déplaît ou que l'on veut à tout prix éviter la prochaine et énième page de publicité. Dans notre vie professionnelle en revanche, ce zapping a pour conséquence de laisser s'accumuler une série de tâches inachevées qui, par effet boule de neige, finissent en avalanche d'obligations à terminer dans l'urgence.

Quelques bonnes résolutions à prendre :

- si je commence une tâche, je la termine ;
- lorsque j'ai fini un travail, je classe et range les documents ;
- je trie mes documents et je jette ce qui ne doit pas être conservé ;
- quand je reçois une information ou que je pense à une tâche importante à réaliser, je la note directement ;
- si j'ai des doutes par rapport à l'une ou l'autre information ou marche à suivre, je pose immédiatement la question ;
- dès que j'ai fini ma journée de travail, je range mon bureau et prépare le matériel nécessaire à la journée du lendemain.

Si nous ne pouvons influencer les facteurs externes, un conseil général est d'application : essayer le plus possible de limiter les interruptions que nous imposent les nouvelles technologies. Lorsque l'occasion se présente, déconnectez-vous de votre boîte mail et éteignez votre téléphone portable pour vous concentrer entièrement sur une action, cela vous fera gagner un temps précieux.

Les facteurs internes dépendent avant tout de notre mode de fonctionnement. Il incombe à chacun de repérer ceux qui perturbent son travail afin de pouvoir tout mettre en œuvre pour les dépasser. Dès à présent, notez sur une page les éléments qui vous déconcentrent quotidiennement. Le passage par l'écrit est essentiel, en ce qu'il permet de matérialiser ces facteurs et de les pointer enfin du doigt.

Les problèmes d'inaction

Inscrits dans notre mode de fonctionnement, au même titre que nos mauvaises habitudes, il existe des mécanismes qui nous rendent passifs et inefficaces. Ce sont les problèmes d'inaction. Roger Moyson, formateur et consultant américain, en compte trois sortes, chaque personne pouvant être davantage concernée par l'une des trois.

- **L'agitation** : cet état survient lorsque notre attention a tendance à être détournée par des activités en marge de l'objectif fixé, parfois totalement inutiles, et qui ralentissent notre rythme de travail. Les personnes qui réagissent par l'agitation face à l'action ont tendance à vouloir prouver aux autres, mais surtout à elles-mêmes, qu'elles travaillent beaucoup. Cependant, en courant à droite et à gauche au lieu de s'atteler à la tâche, il est plus que probable qu'elles ne finiront pas le travail dans les temps.
- **La suradaptation** : ce dysfonctionnement survient lorsqu'une personne veut plaire à tout prix et réalise ce qu'elle pense qu'on lui demande de faire, sans se poser la question du sens du travail à accomplir. Elle adapte son travail à ce qu'elle suppose convenir au mieux aux attentes du patron ou du client, perdant de vue l'objectif intrinsèque des tâches à exécuter.

- **L'incapacitation** : ce problème est davantage lié aux personnes dont les émotions prennent facilement le dessus, et qui ont tendance à réagir face au travail demandé et au stress par des crises de panique, de victimisation ou de colère. Submergées par leurs émotions, elles sont dans l'incapacité de se concentrer sur la tâche à accomplir.

Nous ne pouvons pas nous débarrasser totalement de ces dysfonctionnements, qui caractérisent notre manière de gérer l'action et les situations de stress. Cependant, en apprenant à nous connaître et en étant plus attentifs à notre manière de réagir, nous pouvons tenter de les déjouer.

Lois d'organisation du temps

Certains schèmes théoriques, élaborés par des scientifiques, économistes ou essayistes, sont à même de nous éclairer quelque peu sur l'organisation de notre temps.

- **Loi de Parkinson** : selon cette loi, le travail a tendance à s'étaler sur tout le temps qu'on lui impartit. Plus on a de temps pour réaliser un travail, plus le travail prend du temps. C'est le cas du dossier que l'on ramène à la maison pour y travailler quelques heures le week-end et qui nous occupe finalement tout notre temps. Pour déjouer ce piège, fixez des échéances. L'objectif n'est pas d'entreprendre une course contre la montre, mais de parvenir à évaluer le temps nécessaire à sa réalisation, et à respecter ce délai afin de pouvoir ensuite passer à autre chose.

- **Loi de l'urgence** : elle énonce qu'à partir du moment où 50 % de notre temps de travail est consacré aux tâches à réaliser dans l'urgence, nous sommes moins efficaces et avons tendance à perdre de vue nos priorités. Nous manquons de recul pour réfléchir sur notre travail ainsi que sur notre manière de l'organiser. Cet état, fonctionnant en cercle vicieux, risque par ailleurs de durer. Planifier son travail est essentiel pour sortir de l'urgence, de ce stress, dans lequel nous avons l'impression de subir les événements, d'exécuter tâche après tâche sans parvenir à en voir le bout et qui risque parfois de nous mener à l'épuisement et au burn out.

Lois d'utilisation du temps

Intéressons-nous à la façon dont nous pouvons utiliser notre temps de travail en fonction des tâches à accomplir et de notre mode de fonctionnement.

- **Loi de Carlson** : elle explique que notre cerveau prend du temps à se mobiliser sur une tâche complexe. Pour écrire un rapport, corriger une copie ou mémoriser, il nous faut être totalement concentré. Si nous sommes constamment interrompus par le téléphone, un collègue, un ami, ou que nous tentons de réaliser une autre tâche en même temps, nous ne parviendrons pas à un rendement optimal ni à une grande qualité de travail. Selon certaines études, après cinq ou six interruptions, nous aurions même tendance à reporter la tâche à un futur indéterminé. Pour fournir un travail irréprochable, il faut donc pouvoir, en quelque sorte, se couper du monde pour se consacrer entièrement à celui-ci.
- **Loi des cycles** : elle énonce que chaque action a un début et une fin, et que pour rationaliser son temps de travail, il vaut mieux se consacrer entièrement à une tâche, plutôt que vouloir en

entreprendre une dizaine en même temps. Ce mode de fonctionnement permet d'avoir une vision plus globale des actions à mener et de se concentrer plus facilement sur l'objectif final. En outre, elle explique que, selon les caractères, chaque personne a plus ou moins de difficultés à gérer une phase de l'action. Certains ont du mal à se mettre au travail et deviennent adeptes de la procrastination ; d'autres, les perfectionnistes, ne parviennent pas à achever la tâche qu'on leur a confiée parce qu'ils trouvent toujours un détail à peaufiner. Il est important que chacun puisse faire le point sur sa manière de fonctionner dans l'optique de s'améliorer. En fonction des phases de l'action qui posent problème, vous pouvez ainsi vous poser plusieurs questions :

Avant de commencer	Réaliser la tâche	Terminer l'action
Savez-vous ce que vous devez réaliser (description de la tâche et objectif) ?	Utilisez-vous une bonne méthode de travail ?	Avez-vous atteint l'/les objectif(s) que vous vous étiez fixés ?
Savez-vous par quoi vous devez commencer ?	Connaissez-vous l'objectif final de la tâche ?	Êtes-vous perfec-tionniste, avez-vous tendance à en faire plus que nécessaire ?
Avez-vous tous les éléments en main ?	Vous êtes-vous fixé des limites temporelles précises ?	Au contraire, avez-vous l'impres-sion de bâcler votre travail ?

Avant de commencer	Réaliser la tâche	Terminer l'action
Êtes-vous intéressé par la tâche et son objectif (motivation) ?	Parvenez-vous à tenir votre planning (autodiscipline) ?	…
Avez-vous défini un seul dossier sur lequel vous vous concentrez ?	…	

- **Chronobiologie** : elle prend en compte nos rythmes biologiques et nous invite à répartir les charges de travail en fonction de ceux-ci. Nous avons souvent entendu l'expression « être du matin » ou « être du soir ». Pour pouvoir travailler efficacement, il faut apprendre à se connaître afin de planifier les tâches qui demandent le plus d'attention au moment opportun. Nous noterons qu'une série de facteurs, internes et externes, entrent en ligne de compte lorsque l'on parle de travail et de concentration. Pour ce qui est des facteurs internes, propices à notre rythme biologique, on remarque, par exemple, que les heures qui suivent immédiatement le repas de midi sont moins propices à la concentration, car notre corps consomme davantage d'énergie pour digérer. Pour les facteurs externes, on observe que certains ont besoin d'un bureau lumineux pour se sentir stimulés tout au long de la journée tandis que d'autres préfèrent une ambiance plus tamisée ou une source de lumière focalisée sur les dossiers à traiter.

- **Loi de Turgot** : cette loi tient compte de la notion de « rendement décroissant » qui explique qu'au fil du temps, après un certain nombre d'heures passées à se concentrer sur un travail, nous devenons de moins en moins efficaces. Il s'agit donc de prévoir des pauses régulières et de ne pas dépasser un certain nombre d'heures de travail journalier. En général, une pause de dix minutes toutes les heures est conseillée, pour un travail qui mobilise beaucoup de concentration ; elle permet de prendre du recul et est suffisamment courte pour ne pas se déconcentrer.

CHANGER POUR « GAGNER DU TEMPS »

Motivation

Tout changement, pour être efficace et durable, doit être motivé. Un fumeur n'arrête pas la cigarette s'il n'est pas convaincu des bénéfices qu'il peut en tirer. Il en va de même dans notre cas. Subir ou gérer son temps, à vous de choisir ! Cette démarche nécessite de prendre conscience du « mieux-être » que peut nous apporter une bonne gestion. La motivation se fait au travers de la visualisation de ces bienfaits.

Résistances

L'être humain est par nature réfractaire aux changements. Souvent pessimistes, nous avons peur d'empirer la situation, et nos habitudes – bonnes comme mauvaises – s'inscrivent dans une croyance dogmatique du « c'est comme ça et pas autrement » qu'il faut faire. La représentation que nous avons du changement nous stresse et nous préférons souvent en revenir à notre routine, aussi chronophage soit-elle.

Par exemple, certains étudiants continuent à penser que la clé de la réussite réside dans le fait de consacrer huit à dix heures, vissés sur une chaise, les yeux braqués sur le syllabus sans se poser de questions sur leur méthode de travail. Alors qu'avec le même temps de travail, organisé différemment, ils obtiendraient de meilleurs résultats.

Pour pouvoir changer, il faut oser se remettre en question et dépasser ces freins que sont la peur de l'inconnu et l'envie de se plonger dans nos rassurantes habitudes.

Objectifs

Percevoir et se concentrer sur les avantages que nous pouvons tirer d'une meilleure gestion du temps est donc la clé pour se motiver et parvenir à changer nos habitudes. Parmi les objectifs escomptés, nous pouvons citer :

- s'épanouir professionnellement et personnellement grâce à une répartition plus équilibrée de notre temps, entre travail, repos et loisir ;

- améliorer notre efficacité au travail, grâce à une meilleure définition de ses objectifs et priorités ;
- terminer les tâches importantes dans les temps, en priorisant et en planifiant ;
- donner aux autres, et à soi-même, une image plus professionnelle de son travail en gérant mieux les deadlines et en s'adaptant aux imprévus ;
- diminuer la pression due au contre-la-montre.

Définir l'objectif

Pour formuler un objectif, il faut savoir définir et décrire clairement ce que l'on veut réaliser. Pensez à l'exprimer de façon « SMART » (de l'anglais « intelligent »), concept attribué à Peter Drucker (1909-2005) :

S	Simple	L'objectif doit être décrit en des termes concrets et précis.
M	Mesurable	La réalisation des tâches à mener pour atteindre l'objectif final doit être mesurable, doit donner une indication du chemin parcouru ou qu'il reste à parcourir.
A	Accessible/ ambitieux	Pour être accessible, l'objectif doit respecter les contraintes matérielles et humaines à disposition. Mais il doit, en outre, constituer une forme de challenge pour être motivant. Rien ne sert de se décourager à vouloir décrocher la lune, mais placer la barre trop bas est le meilleur moyen de n'avoir aucun intérêt à relever le défi.

R	Rattaché à un projet (Réaliste)	L'objectif doit être en lien direct avec l'activité professionnelle de celui qui cherche à l'atteindre.
T	Temporel	La réalisation de l'entièreté du projet doit être fixée dans le temps par une deadline et des dates intermédiaires permettant de gérer la durée et l'échéance propre à chaque tâche.

Une fois que vous aurez fixé les objectifs et que vous aurez essayé une autre technique de planification, n'oubliez pas d'évaluer les changements entrepris afin de voir si ceux-ci contribuent ou non à atteindre ces objectifs.

> « À qui prend la mer sans décider de son port de destination, le vent n'est jamais favorable. » Montaigne (1533-1592)

Définition

La planification comprend une liste de tâches à réaliser, organisées selon un échéancier : elle permet de gérer le temps imparti et tend à décrire le chemin à parcourir pour atteindre un objectif donné.

Pour ce faire, focalisez-vous sur l'objectif à atteindre, répertoriez les tâches nécessaires à sa réalisation et organisez-les en les agençant dans un calendrier qui tient compte de la date limite du travail, et des durées et échéances des différentes tâches.

Établir les priorités

- **Les notions d'urgence et d'importance** : afin d'organiser au mieux votre travail, il est important de pouvoir repérer les tâches à effectuer en priorité. Cette notion de « priorité » suppose un choix établi en fonction de vos objectifs et vous permet de définir les tâches qui passeront avant les autres. Elle résulte de la combinaison de deux critères : l'urgence et l'importance. L'urgence est définie par la notion de temps, l'importance est rattachée à notre fonction professionnelle et aux valeurs de notre entreprise.

- Pour classer les problèmes par ordre de priorité lors du débarquement en Normandie, le général Eisenhower aurait établi une grille fonctionnelle en croisant les notions d'urgence et d'importance pour obtenir une matrice à quatre entrées, définissant quatre types de fonctions :

UI : tâches urgentes et importantes	ul : tâches peu urgentes et importantes
À réaliser immédiatement soi-même en priorité.	Tâches pour lesquelles il est possible d'attendre, à programmer dans la suite dans un avenir plus ou moins proche.
Ui : tâches urgentes mais peu importantes	ui : tâches ni urgentes ni importantses
À réaliser en seconde position ou à déléguer rapidement.	Tâches que l'on peut éventuellement laisser tomber.

- Cette catégorisation des tâches permet de mieux anticiper leur réalisation en prenant en compte le temps imparti, l'urgence dans laquelle on est souvent amené à travailler, sans perdre de vue la notion d'importance.

- **La matrice ABC** : pour aider à fixer vos priorités en fonction de ces deux notions, vous pouvez également vous référer à la matrice ABC qui classe les tâches en trois catégories :
  - tâches A : à réaliser en priorité en respectant l'ordre de classement de A1 à A3 ;
  - tâches B : à réaliser rapidement et qui peuvent éventuellement être déléguées ;
  - tâches C : dites tâches « de routine », elles sont moins urgentes et peuvent être réalisées à des moments creux de la journée ou être déléguées facilement.

URGENCE

	Très urgent	Urgent	Moins urgent
Très important	A1	A3	B2
Important	A2	B1	B3
Moins important	C1	C2	C3

IMPORTANCE

Avec cette matrice, vous parviendrez à lister vos tâches dans l'ordre des priorités, ce qui vous permettra de vous concentrer sur l'essentiel pour atteindre votre objectif dans le temps imparti.

- La loi de Pareto : cette loi vous fournit une autre indication sur les tâches à réaliser en priorité pour renforcer l'efficacité de votre travail. Connue dans le monde du marketing sous le nom de loi 80/20 (car « 20 % des clients réalisent 80 % du chiffre d'affaires »), elle affirme que 20 % de nos actions fournissent 80 % du rendement, tandis que 80 % des tâches que nous réalisons n'en rapportent que 20 %.
- Suivant cette logique, il existe donc des tâches plus rentables que d'autres : posez-vous la question de l'efficacité ou l'inefficacité des actions que vous menez par rapport à vos objectifs, et tenter d'éliminer les moins rentables pour libérer et consacrer du temps à un travail plus porteur et donc prioritaire.

Élaborer un plan d'action

Après avoir passé en revue les caractéristiques d'un objectif et la priorisation des tâches, élaborez un planning qui vous permette de passer à l'action. Matériel nécessaire et indispensable : un crayon et du papier. Votre plan de la journée ou même de la semaine devra tenir compte de cinq éléments :

- **activités** : pensez à les lister. Tout ce qui n'est pas écrit risque d'être oublié ;
- **priorités** : à partir de cette liste d'activités, mettez en évidence les éléments urgents et importants ;
- **temps** : lors de l'élaboration de votre planning, prenez en compte ce facteur essentiel. D'une part, pensez à estimer le temps nécessaire pour chaque activité de la façon la plus réaliste possible. Attention à ne pas trop le sous-estimer : ne jamais parvenir à terminer dans les délais que l'on s'est fixés est le meilleur moyen pour se décourager de faire des plannings. Un peu d'entraînement sera nécessaire pour parvenir à évaluer au mieux le facteur temps. D'autre part, dans l'organisation de votre journée, pensez à prendre en compte vos rythmes biologiques : si vous savez que vous éprouvez plus de difficultés à vous concentrer après le repas, essayez de programmer à ces heures des activités qui demandent moins d'attention ;

- **imprévus** : pour réduire le facteur stress, il est important de se montrer flexible dans sa programmation afin de pouvoir faire face aux imprévus. Garder des moments libres dans votre planning est le meilleur moyen pour dépasser ce stress ;
- **suivi** : comme pour toute action menée ou tout changement entrepris, il est important au terme de l'expérience d'en faire une évaluation. Posez-vous alors la question des bénéfices tirés de votre planification et des points à améliorer dans sa mise en place.

TOP CONSEILS

- Pour avancer dans la bonne direction : avant de vouloir bien faire le travail, il faut s'assurer de faire le bon travail. Devoir rectifier ses erreurs est une activité chronophage et démoralisante. Un moment de réflexion pour concevoir clairement l'objectif de la tâche peut vous faire gagner un temps précieux.

- Pour ne pas perdre la motivation en arrivant au bureau : rien de plus déprimant que d'arriver dans une pièce encombrée, de s'asseoir à son bureau et de voir épinglés sur le mur une dizaine de Post-it épars qui datent parfois de plusieurs semaines et sur lesquels figure en lettres capitales le mot « urgent ». Pour ne pas que s'envolent toutes vos bonnes résolutions dès que vous franchissez le seuil de votre bureau, organisez votre lieu de travail de façon à ce qu'il présente un espace agréable. Ne gardez à portée de main que l'essentiel pour vous mettre aussitôt à l'ouvrage (ordinateur, bloc-notes, agenda, trieuse de document où ne séjournent que les dossiers récents, etc.)

et pensez au confort de votre environnement (avoir de la lumière, être au calme, etc.).

- Pour se concentrer : on perd souvent beaucoup de temps à anticiper les événements, à stresser, à penser « je n'aurai jamais le temps de finir à temps ». Planifier son travail et prévoir les échéances est le meilleur moyen de rationaliser cette crainte et de ne rien oublier dans ses actions. Pour réaliser votre planning, il faut se concentrer sur « l'ici et maintenant », sur les actions à entreprendre et prévues au préalable lors de la planification des tâches. Il s'agit d'une part de se faire confiance et d'autre part de penser par actions, en procédant par étapes et en faisant abstraction de l'état d'urgence auquel nous pouvons être confrontés.
- Pour progresser dans sa manière de travailler : pour faire de meilleurs choix quant à sa méthode de travail, il faut tester d'autres modes de fonctionnement et mesurer les résultats obtenus. Cette évaluation est essentielle et doit précéder l'adoption du changement effectif : rien ne sert de changer nos habitudes si cela se révèle contre-productif.
- Pour ne pas se laisser déborder : pour devenir maître de votre temps et ne pas vous laisser

dépasser par les événements, répertoriez et planifiez concrètement les tâches à effectuer dans un planning. Prévoyez des plages horaires pour les imprévus qui ne manqueront pas de vous couper dans votre élan et vous faire perdre vos bonnes résolutions. Enfin, une fois les objectifs clairement établis, gardez le cap vers leur réalisation, cela implique une part d'autodiscipline (se plier aux horaires, respecter les deadlines) et une capacité à dire « non » aux collègues et supérieurs et à délé-guer. Cette réponse négative, souvent difficile à formuler, ne doit pas être perçue comme un refus simple et catégorique, mais bien comme un choix motivé qui permet de se centrer plei-nement sur les tâches en cours et qui doit être formulé comme tel (ex. : « Reviens à 15 heures, j'aurai plus de temps à te consacrer. », « J'ai n'ai pas le temps cette semaine de me charger de ce dossier. Je souhaite avoir le temps de mener à bien tel autre dossier que l'on m'a confié et l'achever vendredi. »). Il s'agit de ne pas vous perdre dans toute une série de tâches supplé-mentaires, annexes qui vous empêcheraient de mener à bien vos propres projets prioritaires.

FAQ

COMMENT SE DÉBARRASSER DE SES HABITUDES CHRONOPHAGES ?

Nous sommes tous soumis, plus ou moins fortement, aux « voleurs de temps » auxquels, par habitude ou parce que l'on pense qu'il s'agit d'une obligation, nous consacrons de précieuses minutes. Répondre au téléphone qui n'arrête pas de sonner et nous empêche de plonger dans notre rapport, rester en permanence connecté à notre boîte mail ou encore manquer d'organisation, ce qui nous fait improviser notre planning de la journée une fois arrivés au bureau.

Quatre étapes pour en venir à bout !

- Avant toute chose, il faut pouvoir les repérer. Notez ce que vous pensez être une source de perte de temps dans votre travail, ce qui a tendance à vous détourner de votre tâche principale. Vous ne pourrez peut-être pas repérer tous les éléments de prime abord, mais c'est en y étant attentif que vous parviendrez à les débusquer au fur et à mesure.

- Une fois la liste plus ou moins complète, classez ces éléments par ordre d'importance.
- Établissez ensuite une liste, en deux colonnes, pour recenser d'une part les problèmes qu'ils vous causent et, d'autre part, les bénéfices à en tirer.
- Répondez ensuite à ces deux questions :
  - Sur quels obstacles puis-je agir ?
  - Avec quelle méthode ?

Une fois que vous aurez établi la marche à suivre, concentrez-vous sur les aspects positifs que vous allez tirer de ce changement et persévérez dans votre démarche. Travaillez la liste point par point en étant ferme avec vous-mêmes et en prenant tous les jours une décision qui vous aidera à gérer votre vie professionnelle.

COMMENT PLANIFIER LES TÂCHES À RÉALISER ?

Lors de la création de votre planning, vous aurez à organiser les différentes tâches préalablement listées. Cinq règles de base sont à prendre en compte dans l'élaboration de ce plan :

- organisez les tâches par ordre de priorité. Une tâche prioritaire dépend du croisement de deux caractéristiques : l'importance et l'urgence. Au préalable, notez à l'encre rouge sur votre calendrier les dates butoirs auxquelles vous êtes soumis ;
- inscrivez dans votre planning les heures réservées pour chaque tâche en précisant l'heure de début et de fin ainsi que l'objectif à atteindre au terme de chaque période de travail. Il n'est pas toujours aisé de savoir combien de temps vous prendra tel ou tel type de tâches, surtout si vous débutez dans la fonction, mais cet exercice de programmation vous rendra à terme plus performant ;
- il est plus motivant et souvent plus productif de ne s'atteler qu'à deux ou trois tâches à la fois et de les terminer, plutôt que de commencer simultanément de nombreux travaux sans les achever. Tentez de séquencer votre programmation en cycles : réalisez entièrement une tâche avant d'en entamer une autre ;
- de manière générale, tenez compte de votre rythme biologique dans la répartition des tâches journalières. Si vous savez qu'il vous sera plus difficile de rester attentif entre 13 et

15 heures, ne programmez pas un travail qui mobilise toute votre concentration ;

* enfin, pour ne pas avoir sans cesse l'impression de travailler sous la contrainte, alternez les tâches que vous n'appréciez pas avec celles qui vous motivent.

COMMENT FIXER SES PRIORITÉS ?

Pour entreprendre un travail, il faut s'être fixé un objectif, savoir où nos actions doivent nous conduire. Par exemple, si nous voulons planifier une réunion pour décider des modalités de mise en place du nouveau projet marketing, l'une de nos priorités sera d'établir un ordre du jour précis où nous noterons l'objectif de la réunion. Une autre priorité sera de convoquer les intéressés et de fixer une date et un lieu de rendez-vous. Une tâche secondaire, parce que moins urgente et moins importante, sera ensuite de prévoir du café sur le lieu de la réunion ; elle pourra d'ailleurs être très facilement déléguée.

Après avoir défini notre objectif et listé les tâches à accomplir pour sa réalisation, il est donc crucial de fixer l'ordre de priorité des tâches en fonction du degré d'urgence et d'importance de chacune.

En commençant par préparer le café sans savoir quand la réunion aura lieu ni combien de personnes seront présentes, vous n'obtiendrez qu'une chose : une perte de temps.

COMMENT AGENCER SON AGENDA ?

L'agenda est un outil précieux à conserver à portée de main. Ce carnet électronique ou de papier est l'outil-ressource de toute votre organisation. Il vous permet d'envisager votre travail du lendemain, mais également de réfléchir sur le travail accompli et d'adopter un regard critique sur votre manière de travailler et de gérer le temps.

Idéalement, il se compose de différentes parties :

- un calendrier où vous notez les rendez-vous, les dates d'échéances des travaux et les congés ;
- une section « To do list » où vous inscrivez en vrac l'ensemble des tâches à réaliser et leurs dates butoirs ;
- des feuillets qui vous permettent une planification hebdomadaire et/ou quotidienne des tâches ;
- des rubriques supplémentaires pour noter

des informations qui peuvent vous être utiles, comme des adresses et numéros de téléphone ;
- un bloc-notes pour y écrire vos idées et expériences. Au lieu de les noter sur une feuille volante, réservez une partie dans votre agenda pour pouvoir remettre facilement la main dessus.

Si vous prenez l'habitude de faire de votre agenda un outil de référence, il pourra vite s'avérer très utile en vous permettant de mieux contrôler votre temps et votre travail, et de noter tous les éléments importants pour ne rien oublier.

COMMENT NE PLUS REMETTRE AU LENDEMAIN ?

Pour lutter contre la procrastination, fixez-vous des objectifs clairs, énoncés en termes de résultat à obtenir, dans un laps de temps défini. Pour vous motiver à tenir votre planning, cherchez à dégager les bénéfices que vous obtiendrez en atteignant vos objectifs dans les temps : libérer du temps pour un dossier important que vous voulez traiter au mieux, s'assurer de pouvoir partir du bureau à l'heure sans ramener de travail à la maison, etc.

Lorsque la motivation nous manque pour réaliser un travail, nous sommes submergés par des pensées TIC (*Task Inhibitting Cognitions* soit des pensées qui inhibent l'action). Le travail nous semble pénible et ne servir à rien. Cette énergie négative nous pousse à remettre notre travail à plus tard.

Pour éviter la procrastination, il faut faire appel aux pensées TOC (*Task Oriented Cognitions* soit des pensées qui orientent vers l'action) en regardant le bénéfice que pourrait engendrer notre action immédiate : « Si je le fais tout de suite, j'en serai débarrassé ». Si cet état d'esprit ne rend pas les tâches moins inutiles et ingrates, il nous donne envie d'avancer et d'en finir avec nos obligations, il nous engage plus facilement dans l'action.

COMMENT RÉUSSIR À DÉLÉGUER ?

« On n'est jamais mieux servi que par soi-même. » Du moins c'est ce que l'on a tendance à croire. Résultat : des dossiers urgents s'accumulent sur notre bureau, et nous réalisons des tâches pour lesquelles nous ne sommes parfois pas pleinement qualifiés sous prétexte qu'elles participent à nos objectifs de travail.

Pour parvenir à déléguer, il faut, d'une part, se rendre compte que nous ne gagnons rien à nous surcharger de travail et, d'autre part, parvenir à faire confiance à l'équipe, aux collègues auxquels nous pouvons apporter notre expertise dans la réalisation de certaines tâches et qui peuvent nous rendre la pareille. Un collègue plus compétent dans l'utilisation de l'outil informatique pourra ainsi fournir un travail de plus grande qualité dans l'élaboration d'un support web, tandis que quelqu'un qui est à l'aise dans la communication écrite pourra plus facilement répondre à des courriels ou rédiger un rapport de réunion.

Déléguer est une solution à envisager, car cela génère un gain de temps précieux et, peut être source d'un travail qualitatif, si l'on parvient à mettre en avant les compétences et atouts de chacun.

COMMENT SE DÉCONNECTER DU TRAVAIL UNE FOIS LA PORTE DU BUREAU REFERMÉE ?

Le nombre croissant de burn out nous prouve combien il est vital de pouvoir instaurer des limites. Mais dans notre société, séparer travail et vie privée demande beaucoup de discipline.

Posez-vous la question : combien de temps de vos week-ends et soirées passez-vous à travailler ou à penser et à parler de votre travail ? Est-ce que vous y consacrez trop de temps ? Est-ce que vous ressassez malgré vous des événements déroulés au cours de la semaine ou passez en revue le travail qui vous attend le lundi alors que vous tentez de profiter d'un week-end en famille ?

Établir une frontière n'est pas toujours possible ni toujours facile. Trois conseils pourront cependant vous y aider :

- déconnectez-vous le plus possible et dès que vous le pouvez de la technologie qui vous relie à votre entreprise. Votre patron peut-il vraiment exiger que vous répondiez à vos e-mails jusque 21 heures ?

- inventez un rituel que vous reproduirez tous les jours en sortant du bureau et qui vous permette de faire la transition entre le monde du travail et votre sphère privée. Faire un bout de chemin à pieds, prendre une tasse de café en rentrant chez vous ou passer votre agenda en revue pour vous assurer que tout est prêt pour le lendemain avant de partir ;
- persévérez ! On ne chasse pas d'un seul coup la petite voix moralisatrice qui vous rappelle que vous n'avez pas terminé telle ou telle tâche ou vous prévient que la semaine suivante va être longue et pénible. Il en va de votre santé et de la qualité de votre travail : sans période de repos et de décompression, vous ne parviendrez plus à mobiliser l'attention nécessaire au bureau et risquez d'être vite démotivé, voire démoralisé.

À VOUS DE JOUER

AUTOANALYSE

Voici une courte liste de questions pour vous aider à réfléchir sur votre gestion du temps. Répondez-y par écrit.

- Pensez-vous parvenir à gérer votre temps de façon optimale dans votre vie professionnelle ?
    - Si oui, quels sont les bénéfices que vous en tirez ?
    - Si non, quels sont les écueils que vous rencontrez ?
- Avez-vous des objectifs professionnels clairement définis ?
- Parvenez-vous à respecter les échéances qui vous sont fixées ?
- Avez-vous l'impression de travailler régulièrement dans l'urgence ? Citez des cas concrets et récents qui fondent votre impression.
- Avez-vous l'impression d'être souvent dissipé ou interrompu dans votre travail ? Si oui, dressez la liste des distractions.
- Parvenez-vous à vous détendre réellement

une fois la journée de travail derrière vous ? Si la réponse est « non », pour quelle raison et quelle solution pourriez-vous envisager ?

FICHE D'ORGANISATION

> « Objectifs et priorités n'ont de sens que si l'on prépare les moyens de les atteindre et si ces moyens sont mis en œuvre de manière volontaire. » Fathi Tlatli

Pour atteindre vos objectifs et gérer vos priorités, il faut vous en donner les moyens. Cette fiche d'organisation vous aidera à matérialiser votre projet, à le rendre plus concret et mesurable du point de vue de vos actions et du temps. Définissez tout d'abord votre objectif avec des mots simples, puis fixez l'échéance de sa réalisation (dans l'année, le mois ou la semaine en fonction du type d'objectif fixé). Listez ensuite les tâches à réaliser pour l'atteindre, évaluez la durée de chacune et fixez des échéances et des degrés de priorité.

Cette fiche est à utiliser sans modération, à chaque nouveau projet. En travaillant sur cette planification, vous pourrez mieux vous rendre compte du temps nécessaire à la réalisation de votre objectif et anticiper les tâches prioritaires.

QUOI ? Activités ciblées et pertinentes par rapport aux objectifs ?	COMMENT ? Efficacité de la méthode ?		
	20/80	I	II
	80/20	III	IV

Votre avis nous intéresse !
Laissez un commentaire sur le site de votre
librairie en ligne et partagez vos coups de cœur sur
les réseaux sociaux !

POUR ALLER PLUS LOIN

SOURCES BIBLIOGRAPHIQUES

- BELLENGER (Lionel) et COUCHAERE (Marie-Josée), *Plus efficace et moins stressé. Le bien-être, clé de la performance*, Paris, ESF éditeur, 2004.

- CUNGI (Charly), *Savoir gérer son stress*, Paris, éditions Retz, 2006.

- FONTANA (David), *Gérer le stress*, Liège, Mardaga, 1990.

- GAMONNET (François), *Savoir mieux gérer son temps*, Paris, Éditions d'organisation, 1982.

- GEISSELHART (Roland) et HOFMANN (Christiane), *En finir avec le stress*, Bruxelles, Ixelles éditions, 2012.

- LATROBE (Daniel), *Gérer efficacement son temps et ses priorités. Concilier efficacité et bien-être*, Paris, ESF éditeur, 2000.

- MOYSON (Roger), *Gérer son temps et son stress. Pour un nouvel humanisme*, Bruxelles, De Boeck Université, 1998.

- TESTU (François), *Chronopsychologie et rythmes scolaires*, Paris, Masson, 1993.

- TLATLI (Fathi), *Gérer son temps efficacement. Pour mieux vivre et mieux réussir*, Louvain-la-Neuve, Anthemis, 2007.

SOURCE COMPLÉMENTAIRE

- Questionnaire en ligne pour un autodiagnostic de votre gestion du temps.
  http://www.rsv.espacedoc.net/fileadmin/forres/quest-autodiagnostic-gestion-temps.pdf

www.50minutes.fr

ISBN ebook : 978-2-8062-6700-9
ISBN papier : 978-2-8062-6701-6
Dépôt legal : D/2015/12603/304
Photo de couverture : © maglara – Fotolia.com

Conception numérique : Primento,
le partenaire numérique des éditeurs